Impressum
Verlag: BABADADA GmbH, Nedderfeld 112 , 22529 Hamburg
Geschäftsführer / Verlagsleitung: Harald Hof
Druck: Books on Demand GmbH, In de Tarpen 42, 22848 Norderstedt

Imprint
Publisher: BABADADA GmbH, Nedderfeld 112 , 22529 Hamburg, Germany
Managing Director / Publishing direction: Harald Hof
Print: Books on Demand GmbH, In de Tarpen 42, 22848 Norderstedt, Germany

sekolah

skola

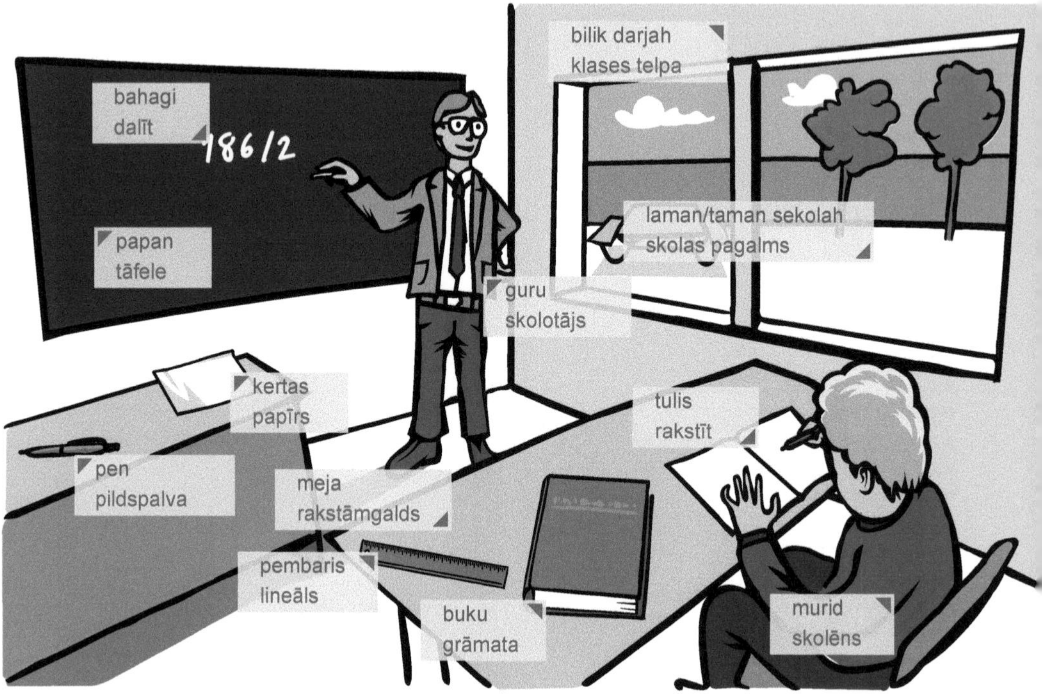

bilik darjah
klases telpa
bahagi
dalīt
186/2
papan
tāfele
laman/taman sekolah
skolas pagalms
guru
skolotājs
kertas
papīrs
tulis
rakstīt
pen
pildspalva
meja
rakstāmgalds
pembaris
lineāls
buku
grāmata
murid
skolēns

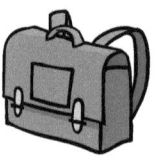

beg galas

skolas soma

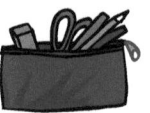

kotak pensel

penālis

pensel

zīmulis

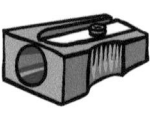

pengasah pensel

zīmuļu asināmais

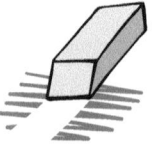

pemadam

dzēšgumija

kertas lukisan

zīmēšanas bloks

melukis

zīmējums

berus lukis

ota

kotak warna

krāsas

gunting

šķēres

gam

līme

buku latihan

darba burtnīca

kerja rumah

mājas darbs

nombor

skaitlis

tambah

saskaitīt

tolak

atņemt

darab

reizināt

kira

rēķināt

huruf

burts

abjad

alfabēts

kata

vārds

teks

teksts

baca

lasīt

kapur

krīts

pelajaran

mācību stunda

daftar

žurnāls

peperiksaan

eksāmens

sijil

liecība

uniform sekolah

skolas forma

pendidikan

izglītība

ensiklopedia

enciklopēdija

universiti

universitāte

mikroskop

mikroskops

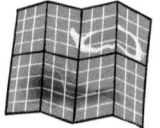

peta

karte

bakul sampah

papīrgrozs

berjalan
ceļojums

hotel
viesnīca
Grand
asrama
hostelis
ROOMS
pejabat tukaran mata wang
valūtas maiņas punkts
EXCHANGE
beg pakaian
čemodāns
kereta
automašīna

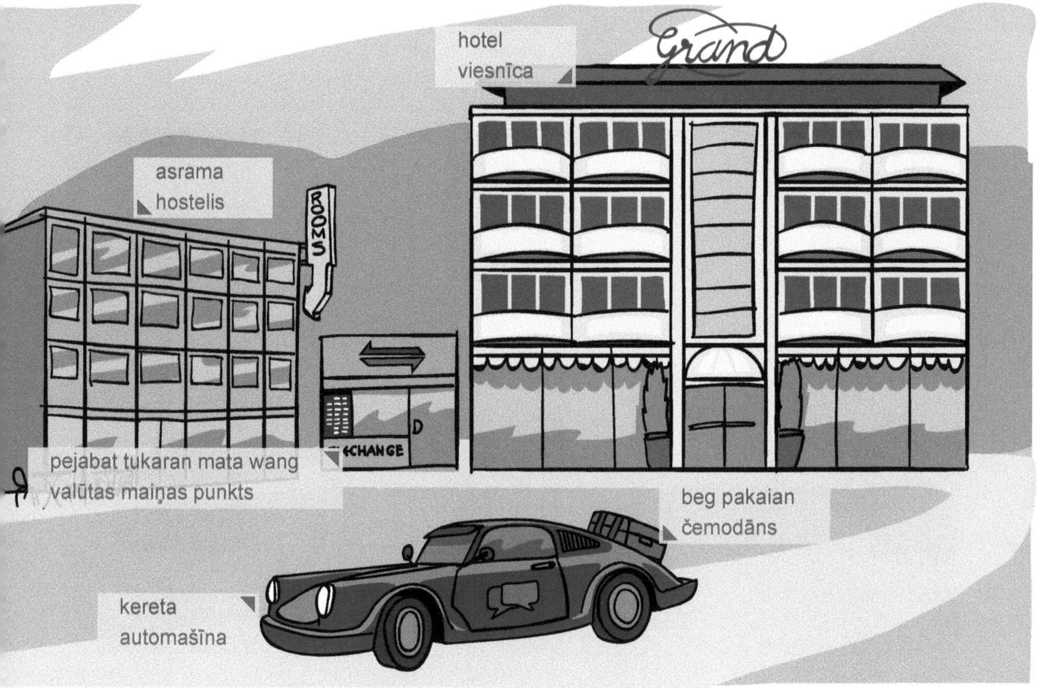

bahasa

Valoda

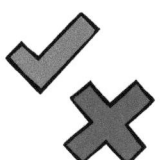

ya / tidak

jā / nē

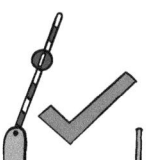

okey

Okay

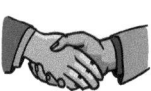

helo

Sveiki!

penterjemah

tulks

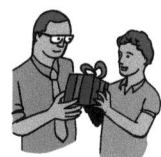

Terima kasih

paldies

berapa banyak...?

Cik maksā...?

saya tidak faham

Es nesaprotu

masalah

problēma

Selamat petang!

Labvakar!

Selamat Pagi!

Labrīt!

Selamat Malam!

Ar labu nakti!

selamat tinggal

Uz redzēšanos

arah

virziens

bagasi

bagāža

beg

soma

beg galas

mugursoma

tetamu

viesis

bilik tidur

istaba

beg tidur

guļammaiss

khemah

telts

maklumat pelancong

tūrisma informācija

pantai

pludmale

kad kredit

kredītkarte

sarapan

brokastis

makan tengah hari

pusdienas

makan malam

vakariņas

tiket

biļete

lif

lifts

setem

pastmarka

sempadan

robeža

kastam

muita

kedutaan

vēstniecība

visa

vīza

pasport

pase

pengangkutan
transports

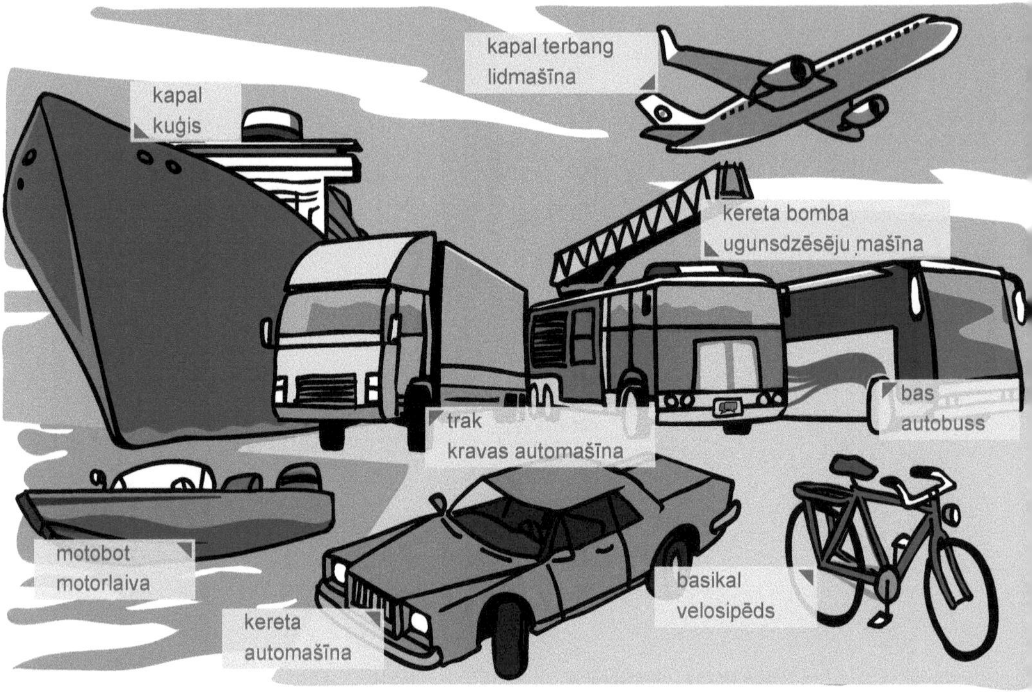

kapal terbang
lidmašīna
kapal
kuģis
kereta bomba
ugunsdzēsēju mašīna
trak
kravas automašīna
bas
autobuss
motobot
motorlaiva
basikal
velosipēds
kereta
automašīna

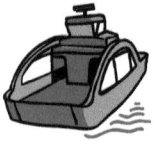

feri

prāmis

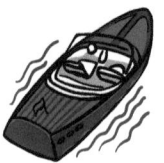

bot

laiva

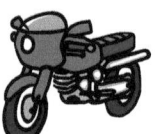

motosikal

motocikls

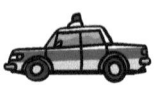

kereta polis

policijas automašīna

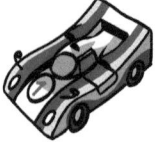

kereta lumba

sacīkšu automobilis

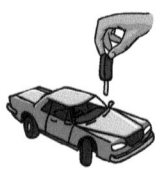

kereta sewa

nomas auto

berkongsi kereta

auto koplietošana

trak tunda

evakuators

trak menolak

atkritumu mašīna

motor

dzinējs

bahan api

benzīns

stesen minyak

degvielas uzpildes stacija

tanda trafik

ceļa zīme

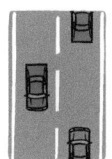

trafik

satiksme

kesesakan lalu lintas

sastrēgums

tempat parkir

stāvvieta

stesen kereta api

dzelzceļa stacija

trek

sliedes

kereta api

vilciens

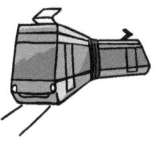

trem

tramvajs

gerabak

vagons

helikopter

helikopters

lapangan terbang

lidosta

Menara

tornis

penumpang

pasažieris

bekas

konteiners

kadbod

kaste

kart

ratiņi

bakul

grozs

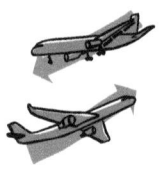

berlepas / mendarat

pacelties / nosēsties

bandar

pilsēta

kampung

ciems

pusat bandar

pilsētas centrs

rumah

māja

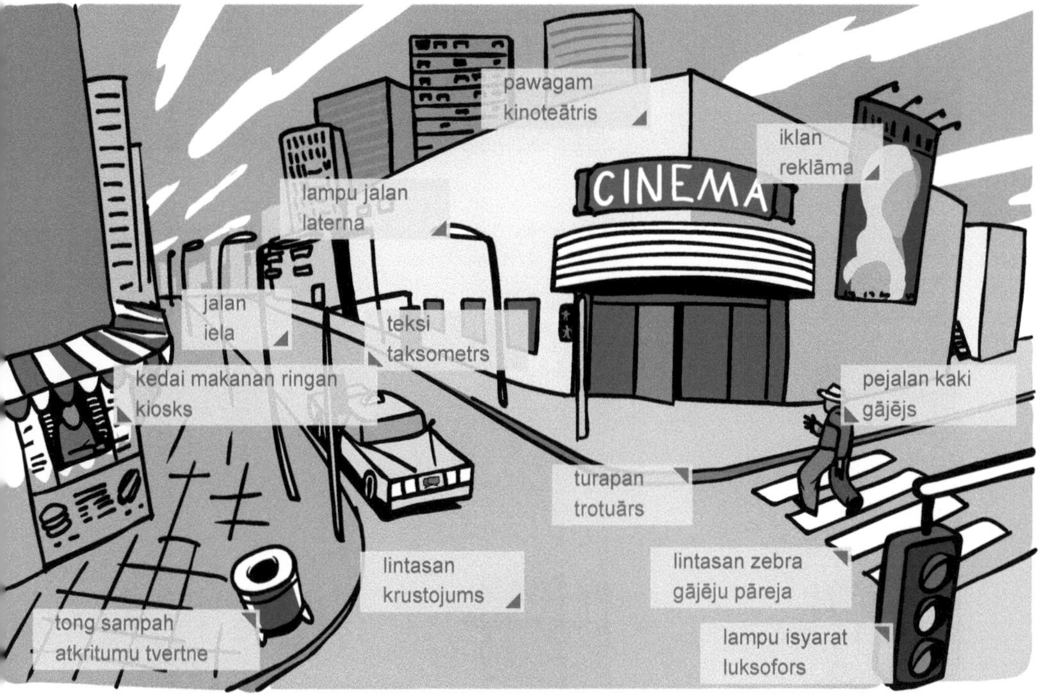
pawagam
kinoteātris
iklan
reklāma
CINEMA
lampu jalan
laterna
jalan
iela
teksi
taksometrs
kedai makanan ringan
kiosks
pejalan kaki
gājējs
turapan
trotuārs
lintasan
krustojums
lintasan zebra
gājēju pāreja
tong sampah
atkritumu tvertne
lampu isyarat
luksofors

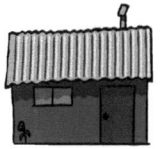

pondok

būda

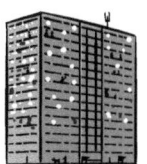

flat

dzīvoklis

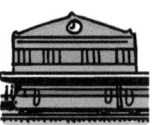

stesen kereta api

dzelzceļa stacija

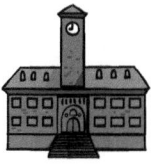

dewan bandar

rātsnams

MUSEUM

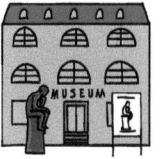

muzium

muzejs

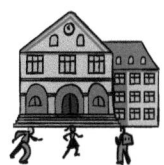

sekolah

skola

universiti

universitāte

bank

banka

hospital

slimnīca

hotel

viesnīca

farmasi

aptieka

pejabat

birojs

kedai buku

grāmatnīca

kedai

veikals

kedai bunga

ziedu veikals

pasar raya

lielveikals

pasaran

tirgus

gedung

tirdzniecības centrs

penjual ikan

zivju tirgotājs

pusat membeli-belah

tirdzniecības centrs

pelabuhan

osta

taman

parks

bangku

sols

jambatan

tilts

tangga

kāpnes

bawah tanah

metro

terowong

tunelis

hentian bas

autobusa pieturvieta

bar

bārs

restoran

restorāns

peti surat

pastkastīte

papan tanda jalan

ielas nosaukuma plāksne

meter parkir

stāvlaika skaitītājs

zoo

zooloģiskais dārzs

kolam renang

peldbaseins

masjid

mošeja

ladang
zemnieku saimniecība

pencemaran
vides piesārņojums

tanah perkuburan
kapsēta

gereja
baznīca

taman permainan
spēļu laukums

kuil
templis

landskap
ainava

daun
lapa

tiang tanda
ceļrādis

jalan
ceļš

padang rumput
pļava

batu
akmens

pokok
koks

pejalan kaki
ceļotājs

sungai
upe

rumput
zāle

bunga
puķe

lembah
ieleja

bukit
kalns

tasik
ezers

hutan
mežs

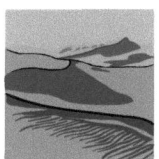

padang pasir
tuksnesis

gunung berapi
vulkāns

istana
pils

pelangi
varavīksne

cendawan
sēne

pokok kelapa sawit
palma

nyamuk
moskīts

terbang
muša

semut
skudra

lebah
bite

labah-labah
zirneklis

kumbang

vabole

katak

varde

tupai

vāvere

landak

ezis

arnab

zaķis

burung hantu

pūce

burung

putns

angsa

gulbis

babi jantan

meža cūka

rusa

briedis

moose

alnis

empangan

aizsprosts

turbin angin

vēja ģenerators

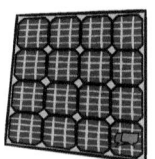

panel solar

saules baterija

iklim

klimats

restoran

restorāns

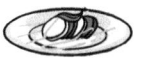

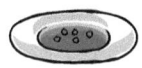

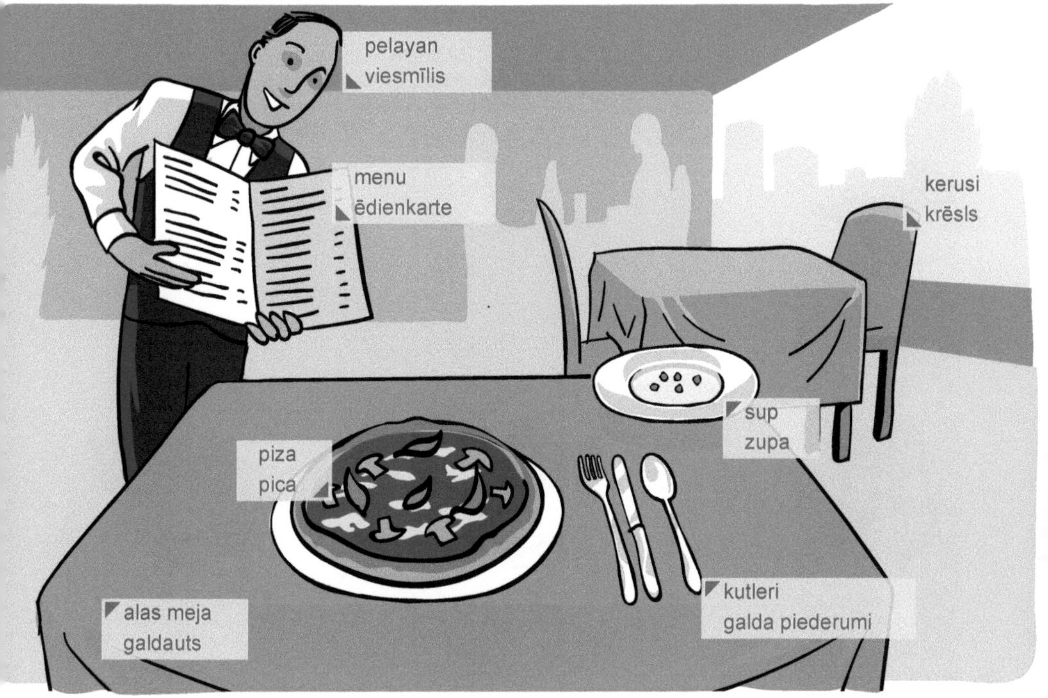

pelayan
viesmīlis
menu
ēdienkarte
kerusi
krēsls
sup
zupa
piza
pica
kutleri
galda piederumi
alas meja
galdauts

pemula

uzkoda

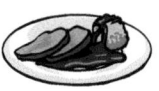

hidangan utama

pamatēdiens

pencuci mulut

deserts

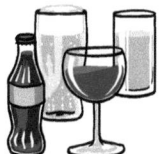

minuman

dzērieni

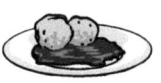

makanan

ēdiens

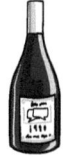

botol

pudele

makanan segera

ātrās uzkodas

makanan jalanan

ielu uzkodas

teko

tējkanna

mangkuk gula

cukurtrauks

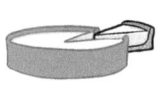

bahagian

porcija

mesin espreso

espresso kafijas automāts

kerusi tinggi

bāra krēsls

bil

rēķins

dulang

paplāte

pisau

nazis

garfu

dakša

sudu

karote

sudu teh

tējkarote

serviette

salvete

gelas

glāze

pinggan

šķīvis

mangkuk sup

zupas šķīvis

piring

apakštase

sos

mērce

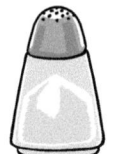

tempat garam

sāls trauciņš

pengisar lada

piparu dzirnaviņas

cuka

etiķis

minyak

eļļa

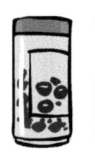

rempah

garšvielas

sos

kečups

mustard

sinepes

mayones

majonēze

pasar raya
lielveikals

tawaran istimewa
piedāvājums
FOR
pelanggan
klients
tenusu
piena produkti
buah-buahan
augļi
troli
iepirkumu ratiņi

BUTCHERS

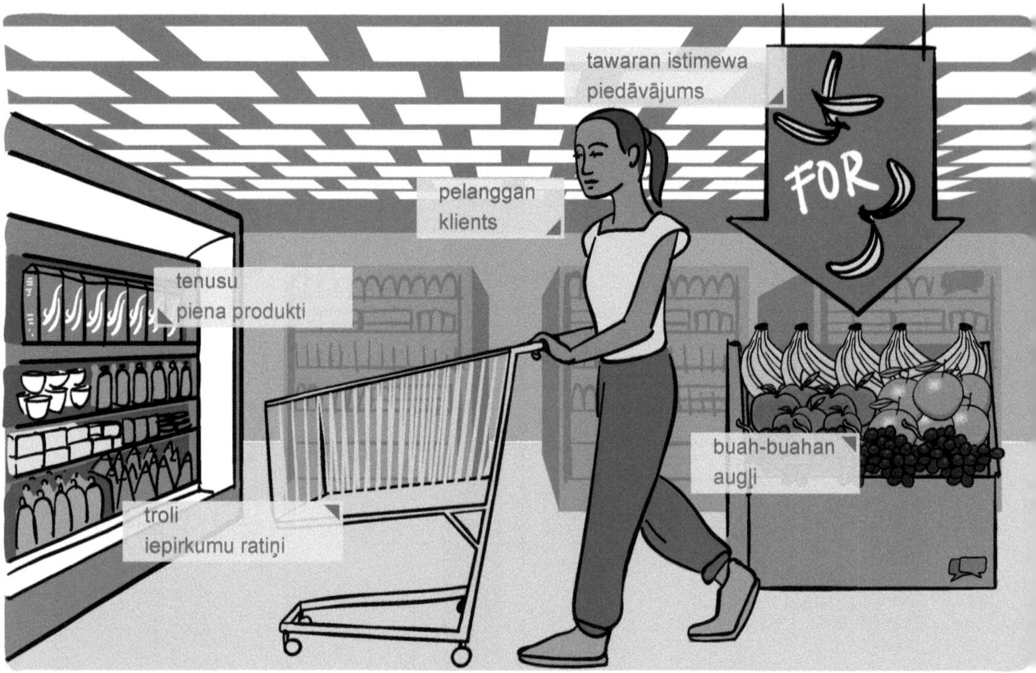

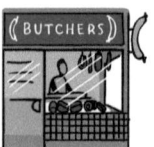

tukang daging

kautuve

BAKERY

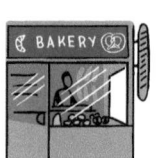

kedai roti

maizes veikals

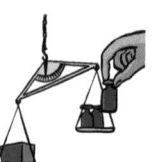

berat

svērt

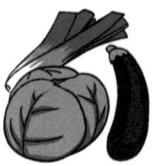

sayur-sayuran

dārzeņi

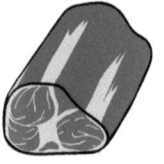

daging

gaļa

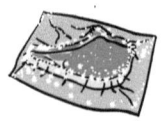

makanan sejuk beku

saldēti produkti

daging sejuk

aukstās gaļas uzkodas

makanan dalam tin

konservi

serbuk pencuci

pulveris

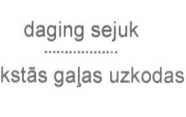

gula-gula

saldumi

produk isi rumah

mājsaimniecības preces

produk pembersihan

tīrīšanas līdzeklis

orang jualan

pārdevēja

daftar tunai

kase

juruwang

kasieris

senarai membeli-belah

iepirkumu saraksts

waktu pembukaan

darba laiks

beg duit

maks

kad kredit

kredītkarte

beg

soma

beg plastik

maisiņš

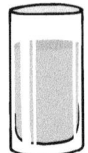

air

ūdens

jus

sula

susu

piens

kola

kola

wain

vīns

bir

alus

alkohol

alkohols

koko

kakao

the

tēja

kopi

kafija

espreso

espresso

kapucino

kapučīno

pisang

banāns

epal

ābols

oren

apelsīns

tembikai

melone

lemon

citrons

lobak merah

burkāns

bawang putih

ķiploks

buluh

bambuss

bawang

sīpols

cendawan

sēne

kacang

rieksti

mi

makaroni

spageti

spageti

nasi

rīsi

salad

salāti

kerepek

frī kartupeļi

kentang goreng

cepti kartupeļi

piza

pica

hamburger

hamburgers

sandwic

sviestmaize

kutlet

šnicele

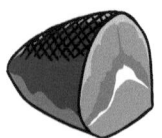

ham

šķiņķis

salami

salami

sosej

desa

ayam

vista

panggang

cepetis

ikan

zivs

bubur oat

auzu pārslas

muesli

muslis

emping jagung

brokastu pārslas

tepung

milti

kroisan

radziņš

roti roll

brokastu maizītes

roti

maize

roti bakar

tostermaize

biskut

cepumi

mentega

sviests

dadih

biezpiens

kek

kūka

telur

ola

telur goreng

cepta ola

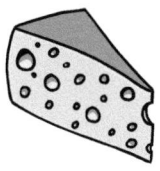

keju

siers

ais krim

saldējums

gula

cukurs

madu

medus

jem

marmelāde

krim nougat

riekstu krēms

kari

karijs

ladang

zemnieku saimniecība

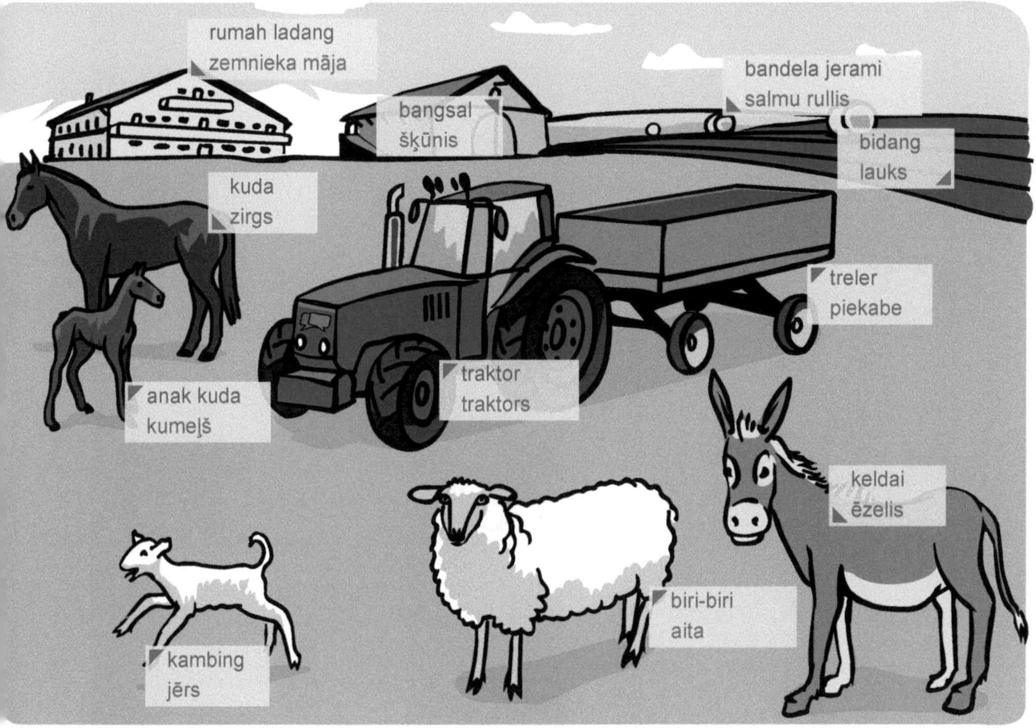
rumah ladang
zemnieka māja
bangsal
šķūnis
bandela jerami
salmu rullis
bidang
lauks
kuda
zirgs
treler
piekabe
traktor
traktors
anak kuda
kumeļš
keldai
ēzelis
biri-biri
aita
kambing
jērs

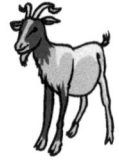

kambing

kaza

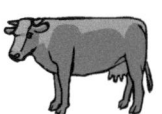

lembu

govs

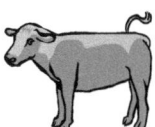

anak lembu

teļš

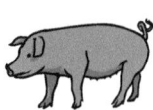

babi

cūka

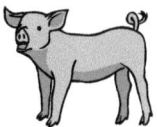

anak babi

sivēns

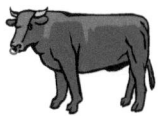

lembu

bullis

angsa

zoss

itik

pīle

anak ayam

cālis

ayam betina

vista

ayam jantan muda

gailis

tikus

žurka

kucing

kaķis

tikus

pele

lembu jantan

vērsis

anjing

suns

rumah anjing

suņa būda

hos taman

dārza šļūtene

bekas siraman

lejkanna

sabit

izkapts

bajak

arkls

ladang - zemnieku saimniecība

sabit

sirpis

cangkul

kaplis

serampang peladang

mēslu dakša

kapak

cirvis

kereta sorong

ķerra

palung

sile

tin susu

piena kanna

karung

maiss

pagar

žogs

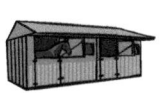

stabil

kūts

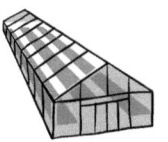

rumah hijau

siltumnīca

tanah

augsne

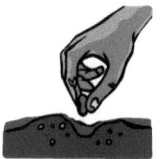

benih

sēklas

baja

mēslojums

jentuai

kombains

tuai

novākt ražu

menuai

raža

keladi

jamss

gandum

kvieši

soya

soja

kentang

kartupelis

jagung

kukurūza

biji sawi

rapsis

pokok buah-buahan

augļu koks

ubi kayu

manioka

bijirin

labība

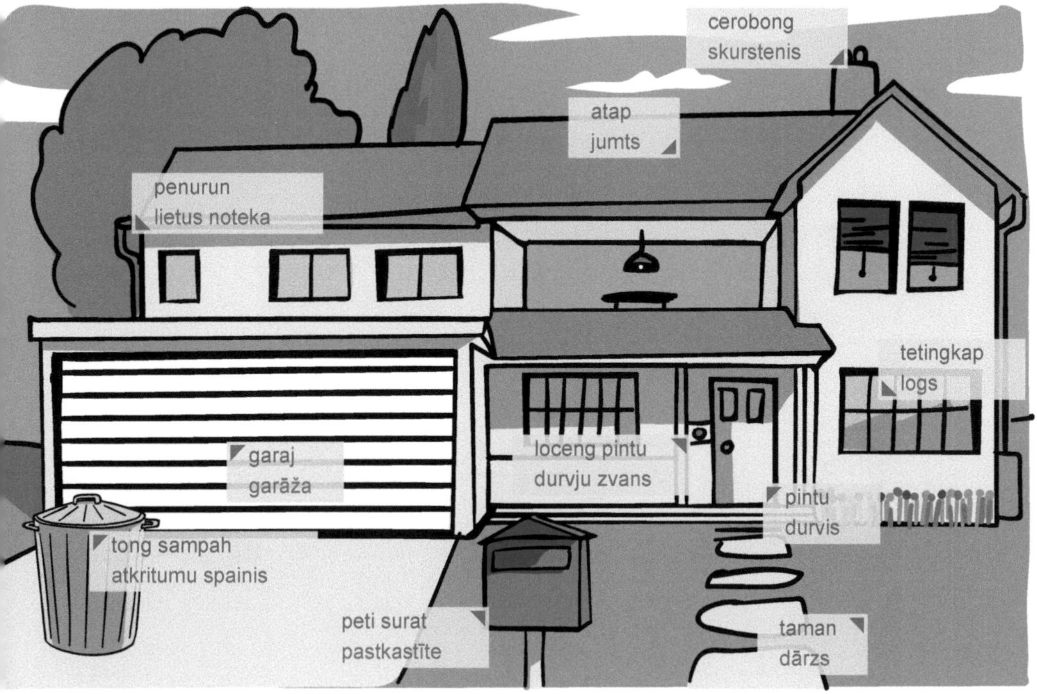

cerobong
skurstenis

atap
jumts

penurun
lietus noteka

tetingkap
logs

garaj
garāža

loceng pintu
durvju zvans

pintu
durvis

tong sampah
atkritumu spainis

peti surat
pastkastīte

taman
dārzs

ruang tamu

viesistaba

bilik air

vannas istaba

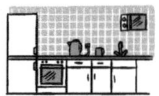

dapur

virtuve

bilik tidur

guļamistaba

bilik kanak-kanak

bērnu istaba

ruang makan

ēdamistaba

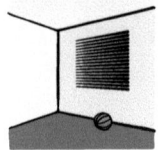

lantai
grīda

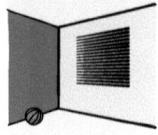

dinding
siena

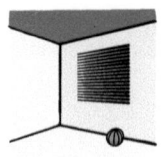

siling
griesti

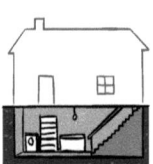

bilik bawah tanah
pagrabs

sauna
sauna

balkoni
balkons

teres
terase

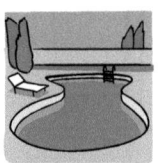

kolam renang
baseins

pemotong rumput
zāles pļāvējs

lembaran
gultas veļa

penutup tilam
sega

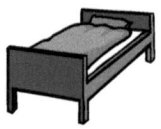

katil
gulta

penyapu
slota

timba
spainis

suis
slēdzis

ruang tamu

viesistaba

kertas dinding
tapetes
gambar
attēls
lampu
lampa
rak
plaukts
kabinet
skapis
televisyen
televizors
pendiangan
kamīns
bunga
puķe
kusyen
spilvens
sofa
dīvāns
pasu
vāze
alat kawalan jauh
tālvadības pults

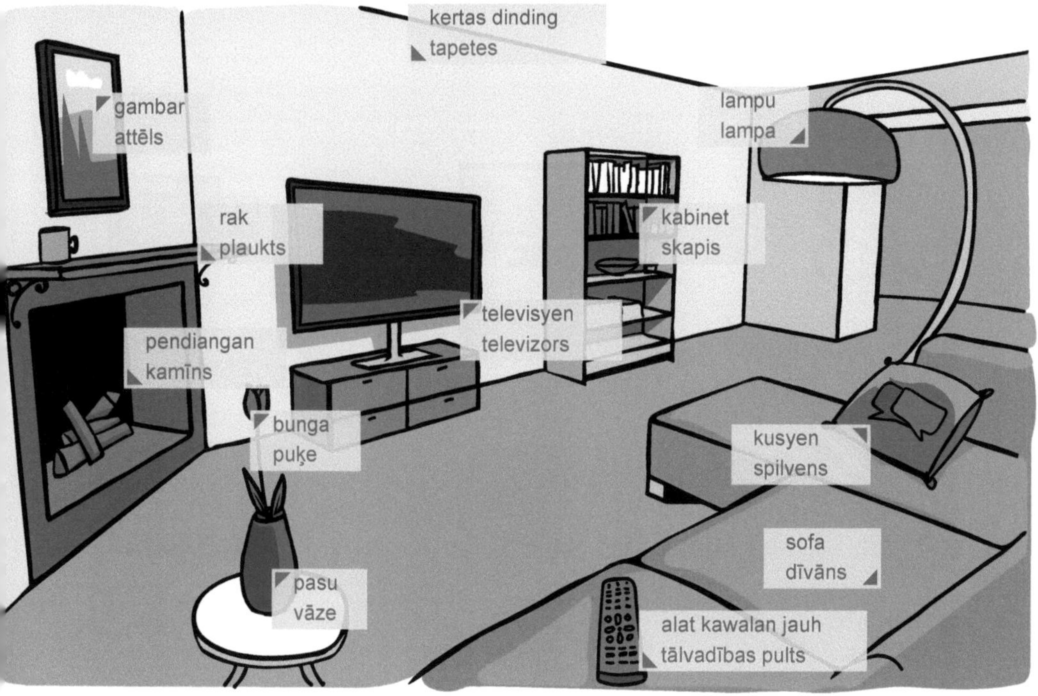

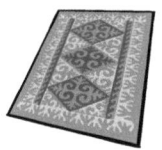

permaidani

paklājs

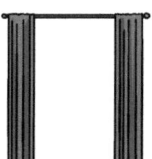

tirai

aizkars

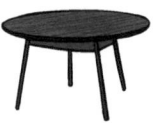

meja

galds

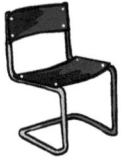

kerusi

krēsls

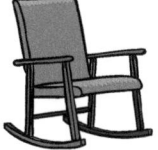

kerusi malas

šūpuļkrēsls

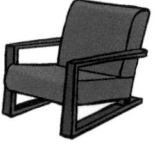

kerusi

atpūtas krēsls

buku
grāmata

selimut
sega

hiasan
dekorācija

kayu api
malka

filem
filma

hi-fi
mūzikas centrs

kunci
atslēga

akhbar
avīze

lukisan
glezna

poster
plakāts

radio
radio

buku catatan
pierakstu blociņš

penyedut habuk
putekļu sūcējs

kaktus
kaktuss

lilin
svece

dapur
virtuve

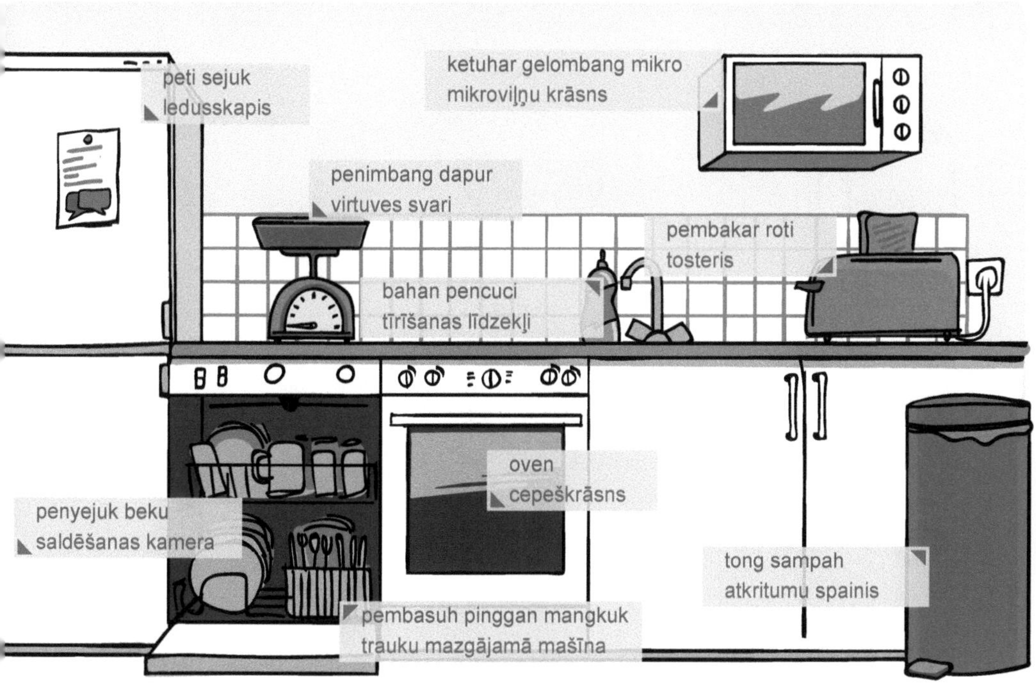

peti sejuk
ledusskapis
ketuhar gelombang mikro
mikroviļņu krāsns
penimbang dapur
virtuves svari
pembakar roti
tosteris
bahan pencuci
tīrīšanas līdzekļi
oven
cepeškrāsns
penyejuk beku
saldēšanas kamera
tong sampah
atkritumu spainis
pembasuh pinggan mangkuk
trauku mazgājamā mašīna

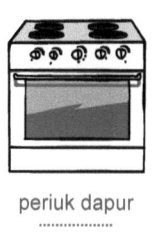

periuk dapur

plīts

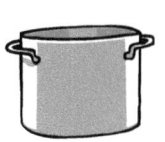

periuk

pods

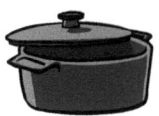

periuk besi

katls

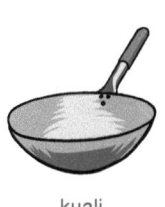

kuali

Wok panna

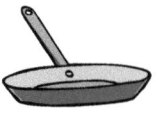

pan

panna

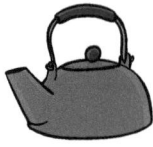

cerek

elektriskā tējkanna

pengukus
....
tvaika katls

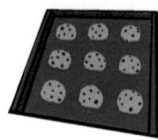

dulang pembakar
....
cepešpanna

pinggan mangkuk
....
trauki

koleh
....
krūze

mangkuk
....
bļoda

penyepit
....
irbulīši

senduk
....
kauss

spatula
....
lāpstiņa

pengadun
....
putošanas slotiņa

penapis
....
sietiņš

ayak
....
siets

pemarut
....
rīve

mortar
....
piesta

barbeku
....
grilēt

pembakaran terbuka
....
atklāts pavards

papan pencincang

dēlis

pin golekan

mīklas rullis

skru gabus

korķu viļķis

tin

bundža

pembuka tin

konservu nazis

pemegang periuk

virtuves cimdi

sinki

izlietne

berus

birste

span

sūklis

pengisar

mikseris

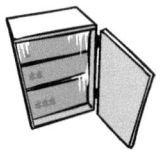

penyejuk beku

saldētava

botol bayi

bērna pudelīte

paip

ūdenskrāns

bilik air

vannas istaba

pemanasan
apkure
tuala
dvielis
mandi
duša
tirai mandi
dušas aizkari
mandi buih
vannas putas
tab mandi
vanna
gelas
glāze
mesin basuh
veļas mašīna
paip
ūdenskrāns
jubin
flīzes
tandas
podiņš
sinki
izlietne

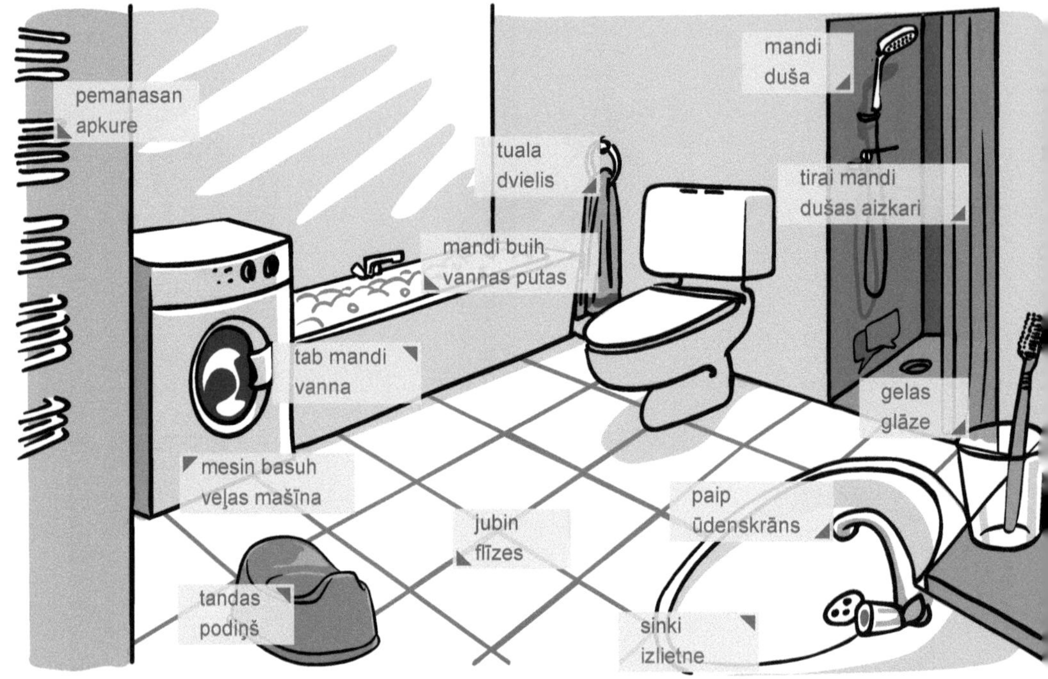

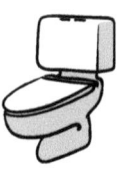

tandas

tualetes pods

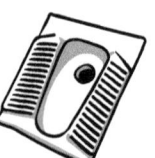

tandas mencangkung

Āzijas tipa tualete

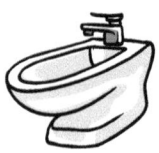

mangkuk tandas

bidē

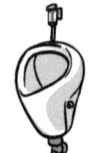

tandas awam

pisuārs

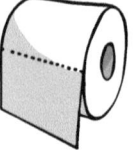

kertas tandas

tualetes papīs

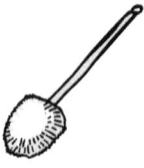

berus tandas

tualetes birste

berus gigi

zobu birste

ubat gigi

zobu pasta

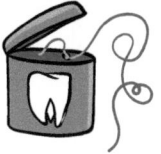

flos gigi

zobu diegs

cuci

mazgāt

mandian tangan

rokas duša

pancuran

duša

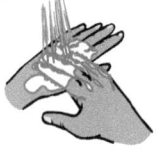

besen

bļoda

belakang berus

muguras mazgāšanas birste

sabun

ziepes

gel mandian

dušas želeja

syampu

šampūns

flanel

mazgāšanas drāna

longkang

noteka

krim

krēms

deodoran

dezodorants

cermin

spogulis

cermin tangan

spogulītis

pisau cukur

skuveklis

busa cukur

skūšanās putas

selepas cukur

losjons pēc skūšanās

sikat

ķemme

berus

matu suka

pengering rambut

matu fēns

semburan rambut

matu laka

mekap

grima komplekts

gincu

lūpu krāsa

varnis kuku

nagulaka

bulu kapas

vate

gunting kuku

šķērītes

pewangi

smaržas

beg basuhan

kosmētikas maks

bangku

ķeblītis

skala berat

svari

jubah mandi

halāts

sarung tangan getah

tīrīšanas cimdi

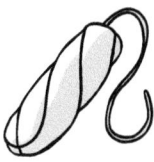

kapas

tampons

tuala wanita

pakete

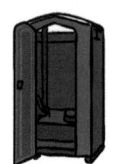

tandas kimia

ķīmiskā tualete

bilik kanak-kanak
bērnu istaba

jam loceng
modinātājs
mainan kegemaran
mīkstā rotaļlieta
kereta mainan
spēļu automašīna
kerincing bayi
grabulis
rumah anak patung
leļļu māja
hadiah
dāvana

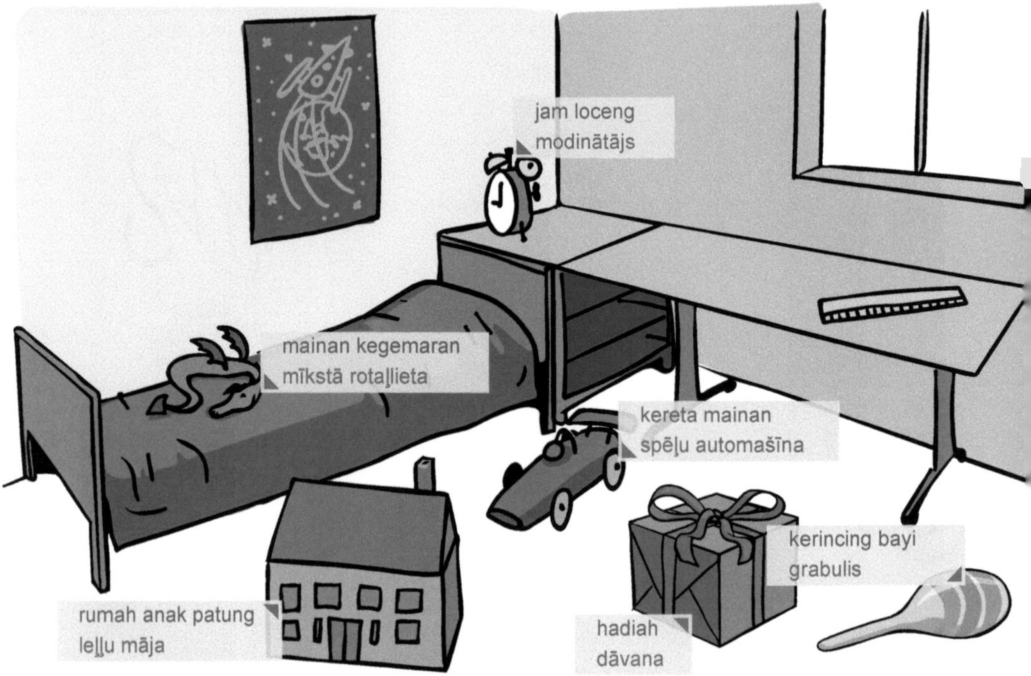

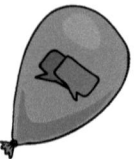

belon
balons

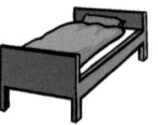

katil
gulta

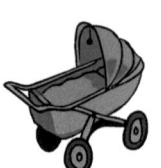

kereta sorong bayi
bērnu ratiņi

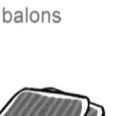

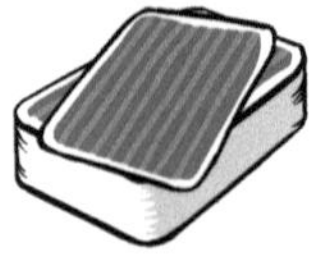

set kad
kārtis

susun suai gambar
puzle

SUPER
MEGA

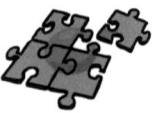

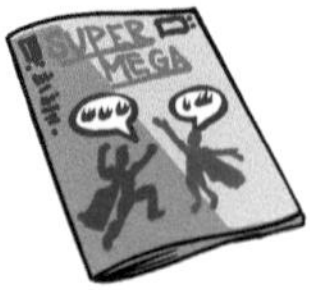

komik
komikss

batu bata lego

LEGO klucīši

blok mainan

klucīši

figura aksi

varoņu figūra

baju bayi

rāpulītis

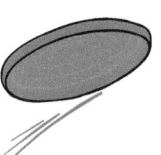

frisbee

lidojošais šķīvītis

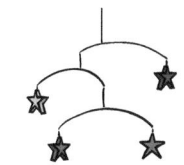

mainan bayi mudah alih

muzikālais karuselis

permainan papan

galda spēle

dadu

metamais kauliņš

set model kereta api

rotaļu dzelzceļš

palsu

māneklis

parti

ballīte

buku bergambar

bilžu grāmata

bola

bumba

anak patung

lelle

main

spēlēt

lubang pasir

smilšu kaste

buai

šūpoles

mainan

rotaļlietas

konsol permainan video

spēļu konsole

basikal roda tiga

trīsritenis

anak patung beruang

plīša lācītis

almari pakaian

drēbju skapis

pakaian

apģērbs

stoking

īszeķes

stoking

zeķes

ketat

zeķbikses

skarf
šalle

payung
lietussargs

kemeja-t
T-krekls

…g/keselamatan

but
zābaks

selipar
čības

kasut sukan
botas

sandal
....
sandales

kasut
....
kurpes

but getah
....
gumijas zābaki

seluar dalam
....
apakšbikses

coli
....
krūšturis

ves
....
apakškrekls

badan

bodijs

Seluar panjang

bikses

jean

džinsi

skirt

svārki

blaus

blūze

kemeja

krekls

baju panas sarung

pulovers

sweater

džemperis

blazer

žakete

jaket

jaka

kot

mētelis

baju hujan

lietus mētelis

kostum

kostīms

pakaian

kleita

baju pengantin

kāzu kleita

sut

uzvalks

baju tidur

naktskrekls

baju tidur

pidžama

sari

sari

skarf kepala

lakats

serban

turbāns

burqa

burka

kaftan

kaftāns

abaya/jubah

abaja

baju renang

peldkostīms

seluar renang

peldbikses

seluar pendek

šorti

sut balapan

treniņtērps

apron

priekšauts

sarung tangan

cimdi

butang
poga

cermin mata
brilles

gelang tangan
rokassprādze

rantai leher
kaklarota

cincin
gredzens

subang
auskars

topi
cepure

penyangkut kot
drēbju pakaramais

topi
platmale

tali leher
kaklasaite

zip
rāvējslēdzējs

topi keledar
ķivere

pendakap
bikšturi

uniform sekolah
skolas forma

seragam
uniforma

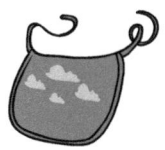

lapik dada

priekšautiņš

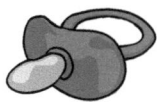

palsu

māneklis

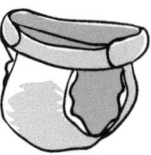

lampin

autiņbiksītes

pejabat

birojs

pelayan
serveris
kabinet fail
dokumentu skapis
kertas
papīrs
mesin pencetak
printeris
monitor
monitors
meja
rakstāmgalds
tetikus
pele
folder
dokumentu vāki
papan kekunci
klaviatūra
bakul sampah
papīrgrozs
komputer
dators
kerusi
krēsls

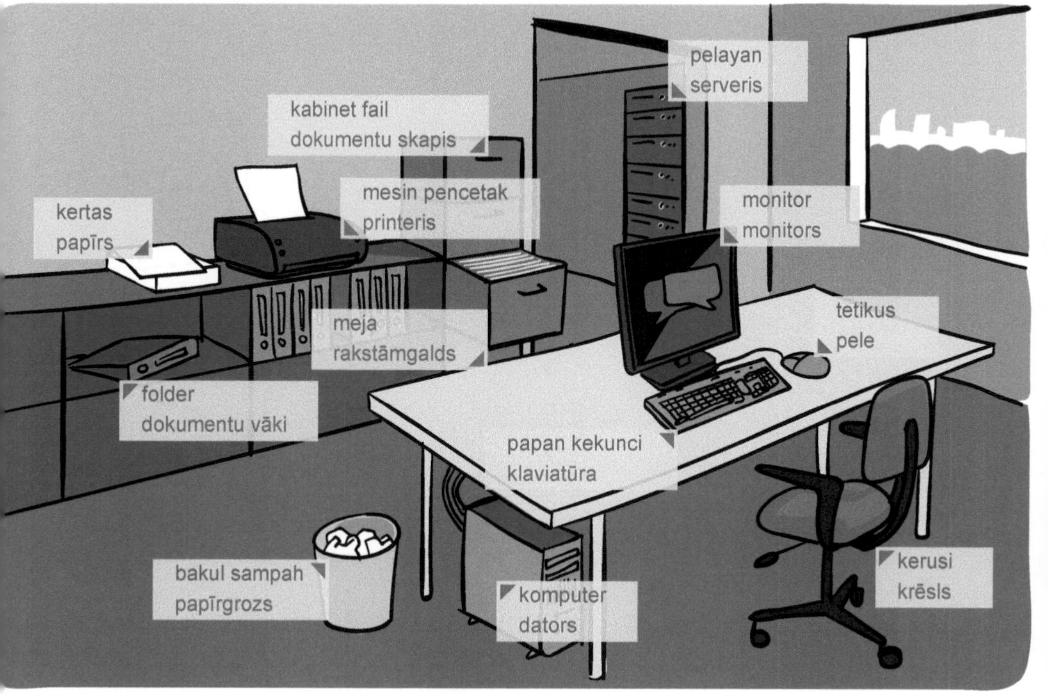

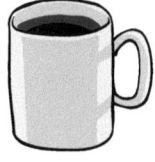

cawan kopi

kafijas krūze

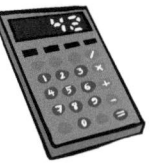

kalkulator

kalkulators

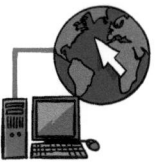

internet

internets

	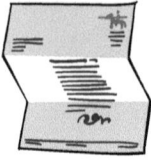	
komputer riba	surat	mesej
portatīvais dators	vēstule	ziņa

mudah alih	rangkaian	mesin fotokopi
mobilais tālrunis	tīkls	kopētājs

perisian	telefon	soket plag
programmatūra	telefons	rozete

	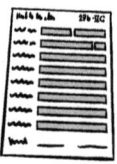	
mesin faks	bentuk	dokumen
faksa aparāts	formulārs	dokuments

beli
·········
pirkt

bayar
·········
samaksāt

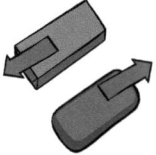

berdagang
·········
tirgot

wang
·········
nauda

USD

dolar
·········
dolārs

EUR

euro
·········
eiro

JPY

yen
·········
jēna

RUB

rubel
·········
rublis

CHF

franc swiss
·········
franks

CNY

renminbi yuan
·········
juaņa renminbi

INR

rupee
·········
rūpija

mata tunai
·········
bankomāts

pejabat tukaran mata wang

valūtas maiņas punkts

emas

zelts

perak

sudrabs

minyak

nafta

tenaga

enerģija

harga

cena

kontrak

līgums

cukai

nodoklis

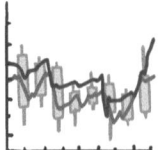

stok

akcija

kerja

strādāt

pekerja

darbinieks

majikan

darba devējs

kilang

fabrika

kedai

veikals

pekerjaan
profesijas

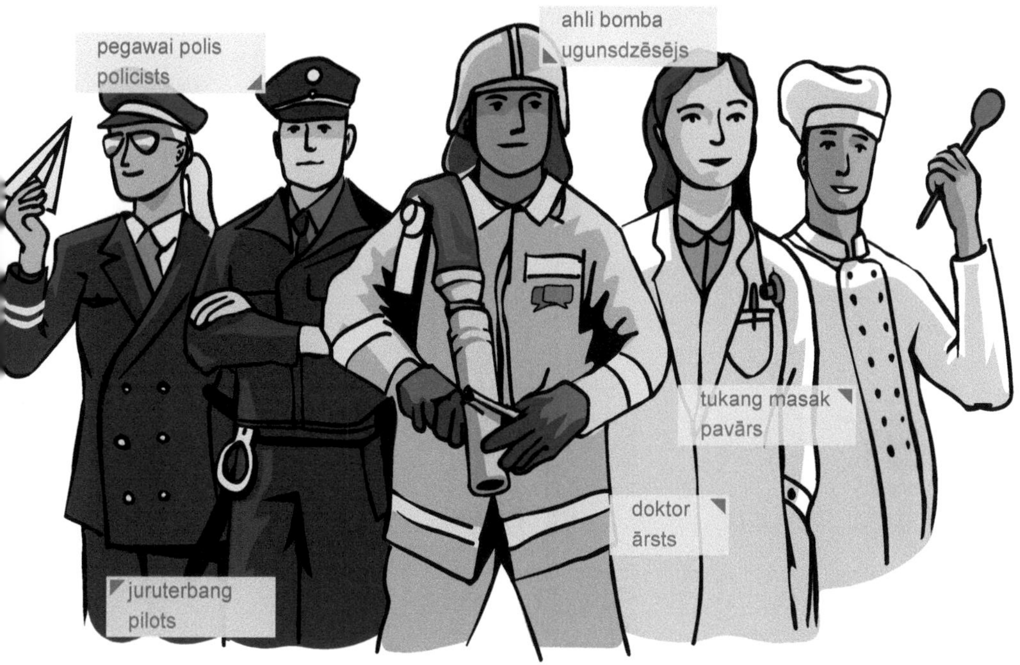

pegawai polis
policists
ahli bomba
ugunsdzēsējs
tukang masak
pavārs
doktor
ārsts
juruterbang
pilots

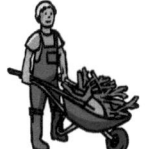

tukang kebun

dārznieks

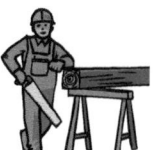

tukang kayu

galdnieks

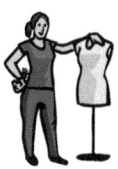

tukang jahit

šuvēja

hakim

tiesnesis

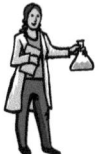

ahli kimia

ķīmiķis

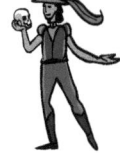

pelakon

aktieris

pemandu bas

autobusa vadītājs

pemandu teksi

taksometra vadītājs

nelayan

zvejnieks

wanita pencuci

apkopēja

kasau

jumiķis

pelayan

viesmīlis

pemburu

mednieks

pelukis

gleznotājs

bakeri

maiznieks

juruelektrik

elektriķis

pembangun

celtnieks

jurutera

inženieris

penjual daging

miesnieks

tukang paip

skārdnieks

posmen

pastnieks

askar

karavīrs

arkitek

arhitekts

juruwang

kasieris

kedai bunga

florists

pendandan rambut

frizieris

konduktor

konduktors

mekanik

mehāniķis

kapten

kapteinis

doktor gigi

zobārsts

ahli sains

zinātnieks

tuhanku

rabīns

imam

imāms

sami

mūks

paderi

mācītājs

alat
instrumenti

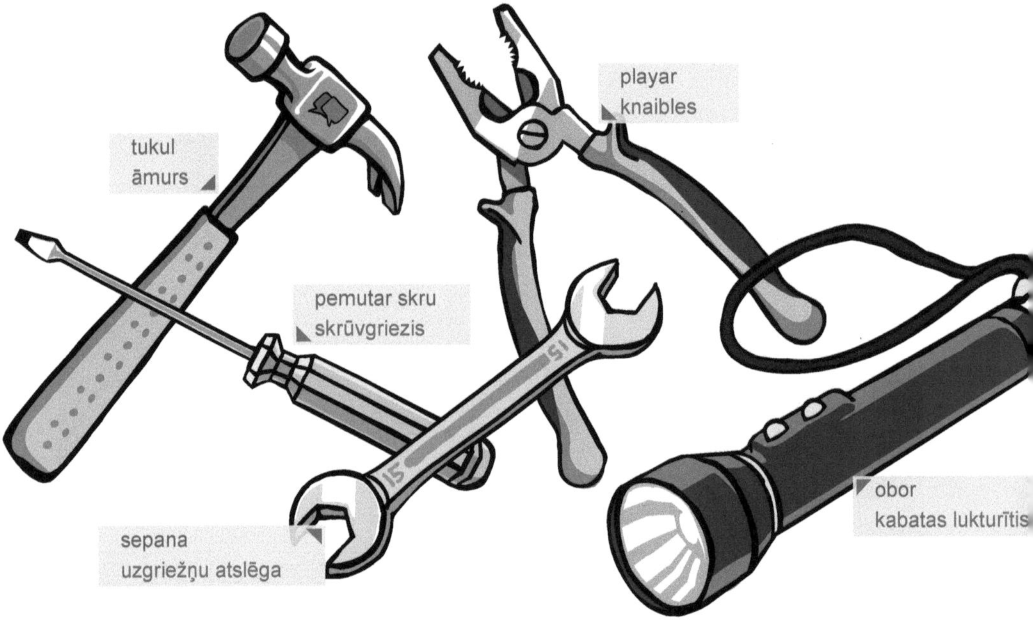
tukul
āmurs
playar
knaibles
pemutar skru
skrūvgriezis
sepana
uzgriežņu atslēga
obor
kabatas lukturītis

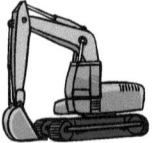

pengorek
ekskavators

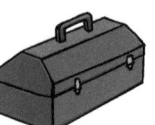

kotak peralatan
instrumentu kaste

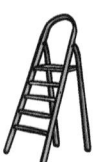

tangga
kāpnes

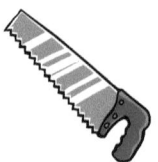

gergaji
zāģis

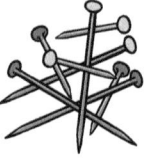

kuku
naglas

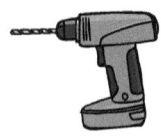

gerudi
urbis

baiki
....
remontēt

penyodok
....
lāpsta

Celaka!
....
Velns!

penadah sampah
....
liekšķere

periuk cat
....
krāsas bundža

skru
....
skrūves

alat muzik
mūzikas instrumenti

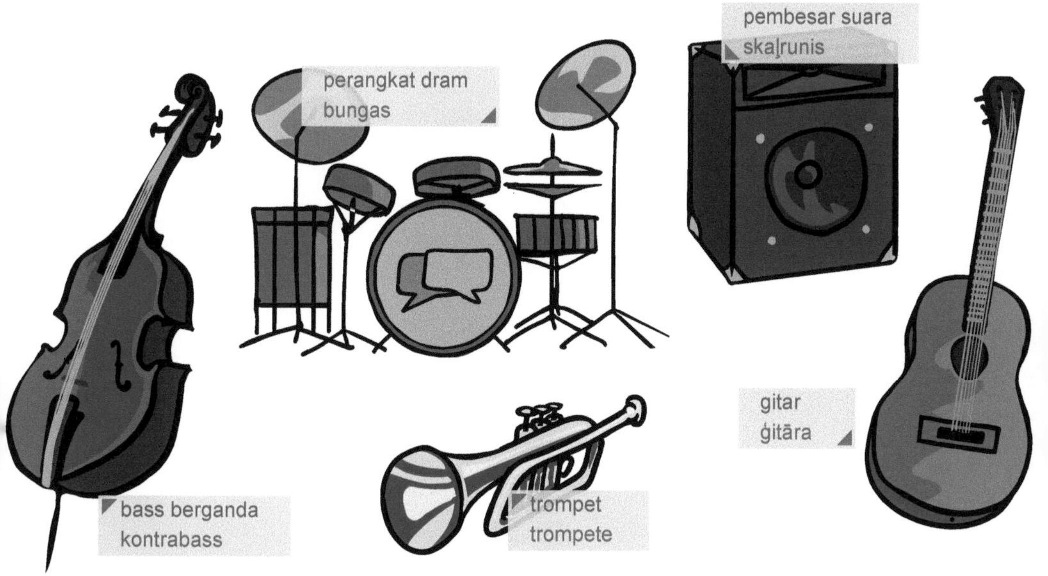

perangkat dram
bungas

pembesar suara
skaļrunis

gitar
ģitāra

bass berganda
kontrabass

trompet
trompete

piano

klavieres

biola

vijole

bass

bass

timpani

timpāni

dram

bungas

papan kekunci

digitālās klavieres

saksofon

saksofons

seruling

flauta

mikrofon

mikrofons

pintu masuk
ieeja

harimau
tīģeris

sangkar
būris

zebra
zebra

makanan haiwan
dzīvnieku barība

panda
panda

haiwan

dzīvnieki

gajah

zilonis

kanggaru

ķengurs

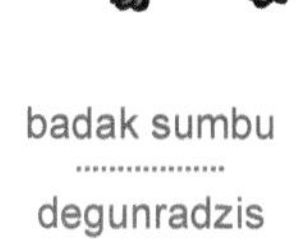

badak sumbu

degunradzis

gorila

gorilla

beruang

lācis

unta

kamielis

burung unta

strauss

singa

lauva

monyet

pērtiķis

flamingo

flamings

nuri

papagailis

beruang kutub

polārlācis

penguin

pingvīns

yu

haizivs

merak

pāvs

ular

čūska

buaya

krokodils

penjaga zoo

zoodārza sargs

anjing laut

ronis

jaguar

jaguārs

kuda

ponijs

harimau

leopards

badak air

nīlzirgs

zirafah

žirafe

helang

ērglis

babi jantan

meža cūka

ikan

zivs

penyu

bruņurupucis

anjing laut

valzirgs

musang

lapsa

rusa

gazele

bola sepak Amerika
amerikāņu futbols

berbasikal
riteņbraukšana

tenis
teniss

bola keranjang
basketbols

renang
peldēšana

tinju
bokss

hoki ais
hokejs

bola sepak
futbols

badminton
badmintons

olahraga
vieglatlētika

bola baling
rokas bumba

ski
slēpošana

polo
polo

lompat
lēkt

ketawa
smieties

peluk
apskaut

berjalan
iet

menyanyi
dziedāt

mimpi
sapņot

berdoa
lūgt

cium
skūpstīt

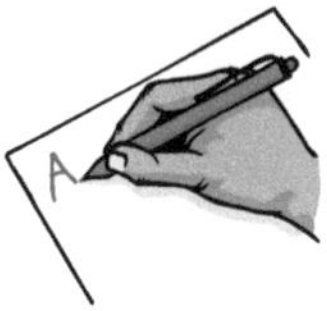

tulis	lukis	tunjuk
rakstīt	zīmēt	rādīt

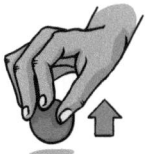

tolak	beri	ambil
spiest	dot	ņemt

ada

būt

buat

darīt

ialah

būt

berdiri

stāvēt

lari

skriet

tarik

vilkt

buang

mest

jatuh

krist

tipu

gulēt

tunggu

gaidīt

bawa

nest

duduk

sēdēt

pakai

uzģērbt

tidur

gulēt

bangkit

pamosties

lihat pada

skatīties

menangis

raudāt

strok

glāstīt

sikat

ķemmēt

cakap

runāt

faham

saprast

tanya

jautāt

dengar

dzirdēt

minum

dzert

makan

ēst

mengemas

sakārtot

sayang

mīlēt

masak

vārīt

pandu

braukt

terbang

lidot

belayar
burot

kira
rēķināt

baca
lasīt

belajar
mācīties

kerja
strādāt

nikah
precēties

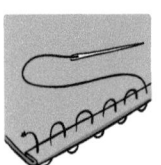

jahit
šūt

memberus gigi
tīrīt zobus

bunuh
nogalināt

asap
smēķēt

hantar
sūtīt

keluarga
ģimene

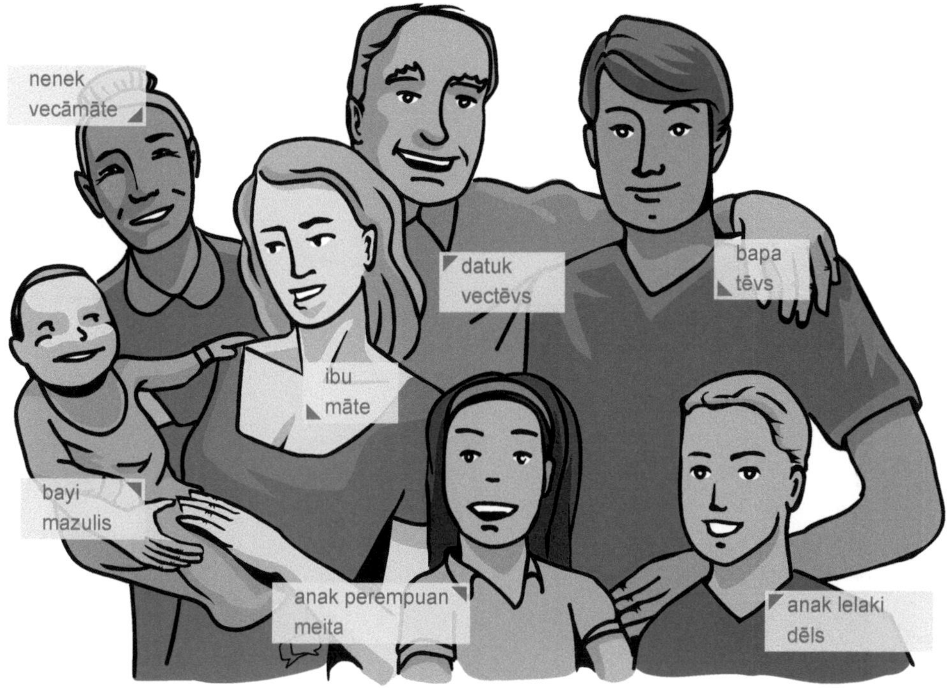
nenek
vecāmāte
datuk
vectēvs
bapa
tēvs
ibu
māte
bayi
mazulis
anak perempuan
meita
anak lelaki
dēls

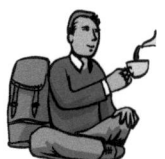

tetamu
viesis

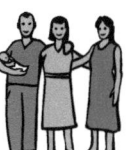

mak cik
tante

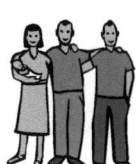

pak cik
onkulis

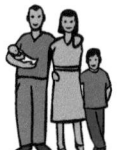

abang
brālis

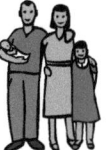

kakak
māsa

badan

ķermenis

dahi
piere
mata
acs
bahu
plecs
jari
pirksts
muka
seja
dagu
zods
tangan
roka
kaki
kāja
dada
krūtis
lengan
roka

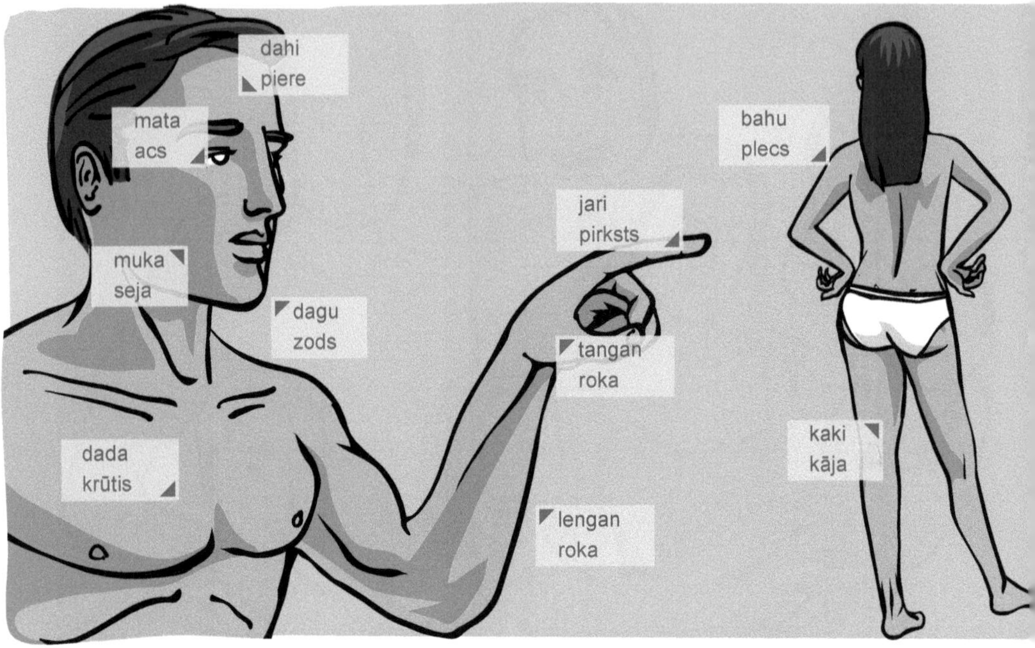

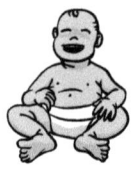

bayi

mazulis

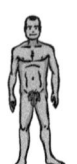

lelaki

vīrietis

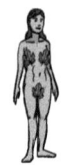

wanita

sieviete

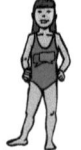

perempuan

meitene

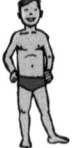

lelaki

zēns

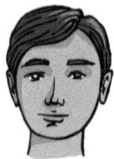

kepala

galva

belakang

mugura

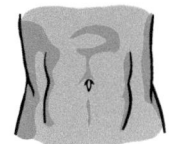

bawah perut

vēders

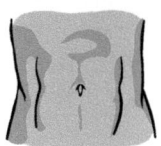

pusat

naba

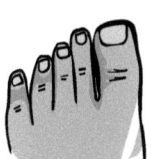

jari kaki

kājas pirksts

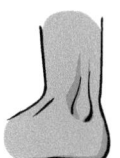

tumit

papēdis

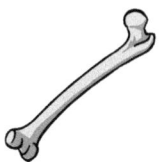

tulang

kauls

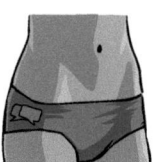

pinggul

gurns

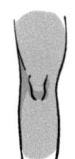

lutut

celis

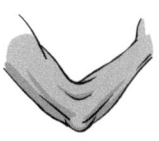

siku

elkonis

hidung

deguns

bawah

dibens

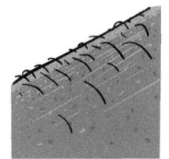

kulit

āda

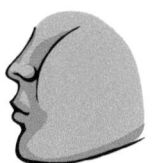

pipi

vaigs

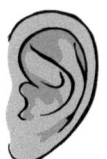

telinga

auss

bibir

lūpa

badan - ķermenis

mulut

mute

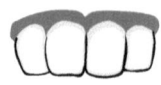

gigi

zobs

lidah

mēle

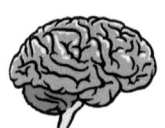

otak

smadzenes

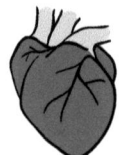

hati

sirds

otot

muskulis

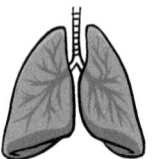

paru-paru

plaušas

hati

aknas

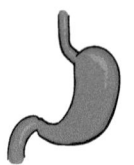

perut

kuņģis

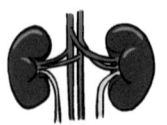

buah pinggang

nieres

seks

dzimumakts

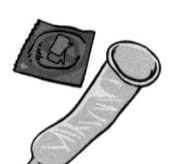

kondom

kondoms

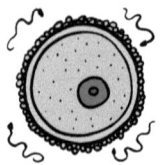

faraj

olšūna

mani

sperma

mengandung

grūtniecība

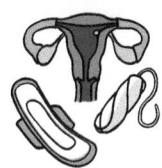

haid

menstruācijas

faraj

vagīna

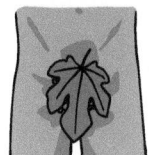

penis

penis

kening

uzacs

rambut

mati

leher

kakls

hospital
slimnīca

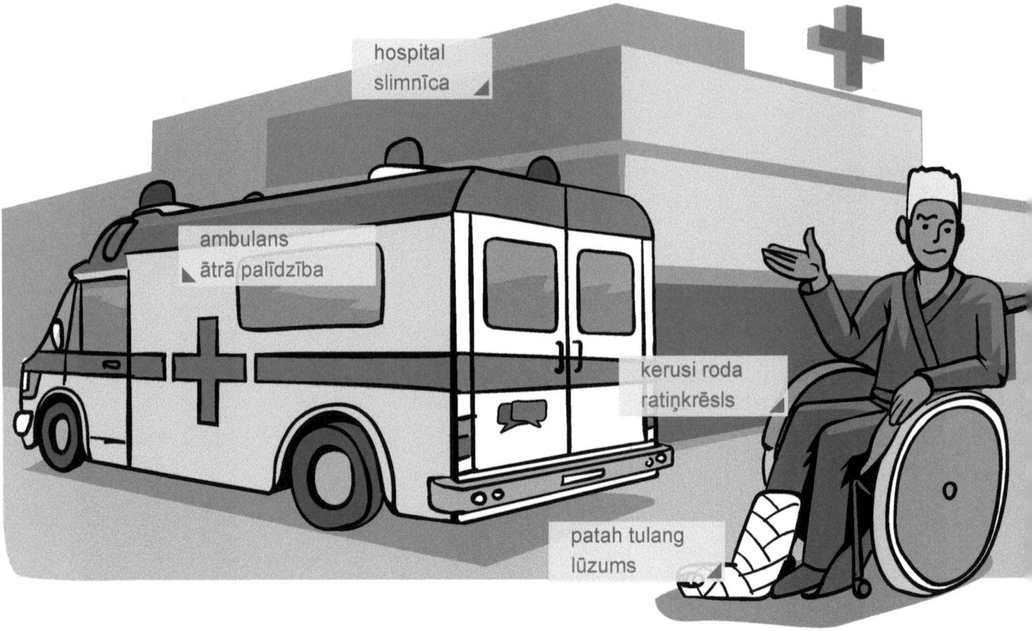

hospital
slimnīca
ambulans
ātrā palīdzība
kerusi roda
ratiņkrēsls
patah tulang
lūzums

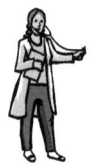

doktor

ārsts

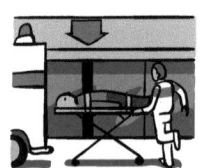

bilik kecemasan

neatliekamās palīdzības nodaļa

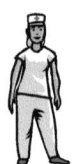

jururawat

medmāsa

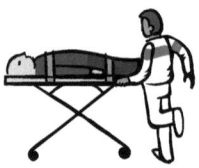

kecemasan

ārkārtas gadījums

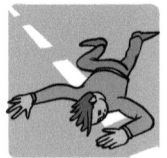

tak sedar

paģībis

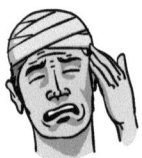

sakit

sāpes

kecederaan

ievainojums

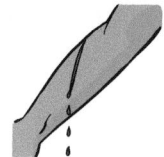

pendarahan

asiņošana

serangan jantung

sirdslēkme

strok

insults

alergi

alerģija

batuk

klepus

demam

temperatūra

selesema

gripa

cirit-birit

caureja

sakit kepala

galvassāpes

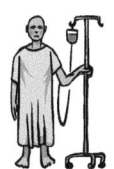

kanser

vēzis

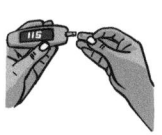

diabetes

diabēts

pakar bedah

ķirurgs

pisau bedah

skalpelis

pembedahan

operācija

CT

datortomogrāfija

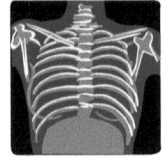

x-ray

rentgents

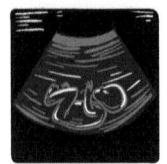

ultrabunyi

ultraskaņa

topeng muka

sejas maska

penyakit

slimība

bilik menunggu

uzgaidāmā telpa

penongkat

kruķis

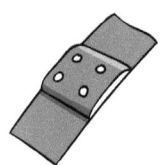

plaster

plāksteris

pembalut

apsējs

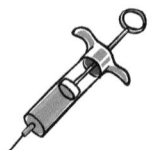

suntikan

injekcija

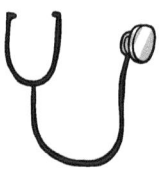

stetoskop

stetoskops

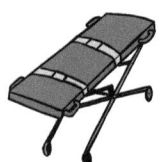

pengusung

nestuves

termometer klinik

termometrs

kelahiran

dzemdības

berat badan berlebihan

liekais svars

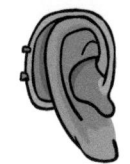

alat pendengaran

dzirdes aparāts

disinfektan

dezinfekcijas līdzeklis

jangkitan

infekcija

virus

vīruss

HIV / AIDS

HIV / AIDS

perubatan

zāles

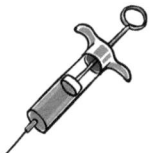

vaksinasi

pote

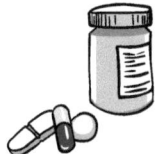

tablet

tabletes

pil

pretapauglošanās tablete

panggilan kecemasan

ārkārtas izsaukums

pantau tekanan darah

asinsspiediena mērītājs

sakit / sihat

slims / vesels

Tolong!

Palīgā!

penggera

trauksme

serang

uzbrukums

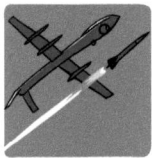

serangan

uzbrukums

bahaya

bīstamība

pintu kecemasan

avārijas izeja

Api!

Uguns!

alat pemadam api

ugunsdzēšamais aparāts

kemalangan

negadījums

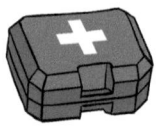

alat pertolongan cemas

pirmās palīdzības aptieciņa

SOS

SOS

polis

policija

Eropah

Eiropa

Amerika Utara

Ziemeļamerika

Amerika Selatan

Dienvidamerika

Afrika

Āfrika

Asia

Āzija

Australia

Austrālija

Atlantic

Atlantijas okeāns

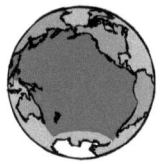

Pasifik

Klusais okeāns

Lautan Hindi

Indijas okeāns

Lautan Antartik

Dienvidu okeāns

Lautan Artik

Ziemeļu ledus okeāns

Kutub utara

Ziemeļpols

Kutub Selatan

Dienvidpols

Antartika

Antarktika

bumi

zeme

tanah

zeme

laut

jūra

pulau

sala

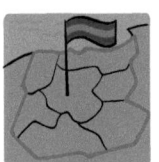

negara

nācija

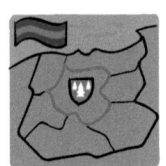

negeri

valsts

muka jam

ciparnīca

tangan jam

stundu rādītājs

tangan minit

minūšu rādītājs

terpakai

sekunžu rādītājs

Jam berapa sekarang

Cik ir pulkstenis?

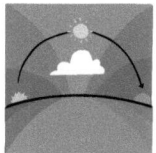

hari

diena

masa

laiks

sekarang

tagad

jam digital

digitālais pulkstenis

minit

minūte

jam

stunda

minggu
nedēļa

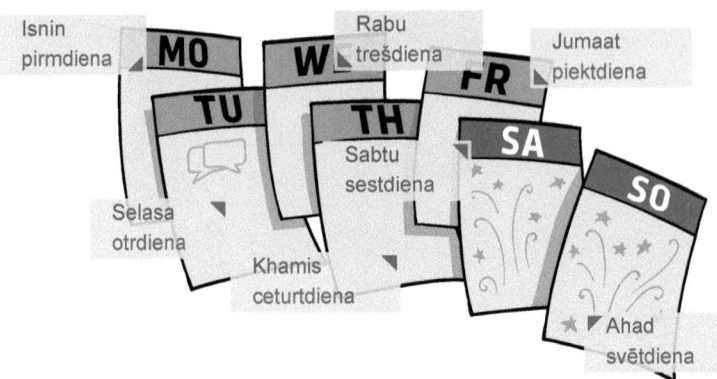

Isnin
pirmdiena

MO

W
Rabu
trešdiena

FR
Jumaat
piektdiena

TU

TH
Sabtu
sestdiena

SA

SO

Selasa
otrdiena

Khamis
ceturtdiena

Ahad
svētdiena

semalam

vakardien

hari ini

šodien

esok

rītdien

pagi

rīts

tengah hari

pusdienlaiks

petang

vakars

MO	TU	WE	TH	FR	SA	SU
1	2	3	4	5	6	7
8	9	10	11	12	13	14
15	16	17	18	19	20	21
22	23	24	25	26	27	28
29	30	31	1	2	3	4

hari kerja

darbadienas

MO	TU	WE	TH	FR	SA	SU
1	2	3	4	5	6	7
8	9	10	11	12	13	14
15	16	17	18	19	20	21
22	23	24	25	26	27	28
29	30	31	1	2	3	4

hari minggu

brīvdienas

hujan
lietus

pelangi
varavīksne

salji
sniegs

angin
vējš

musim bunga
pavasaris

musim luruh
rudens

musim panas
vasara

musim salji
ziema

4.APRIL	11°	☀
5.APRIL	4°	☁
6.APRIL	13°	☁
7.APRIL	8°	☀
8.APRIL	10°	☀

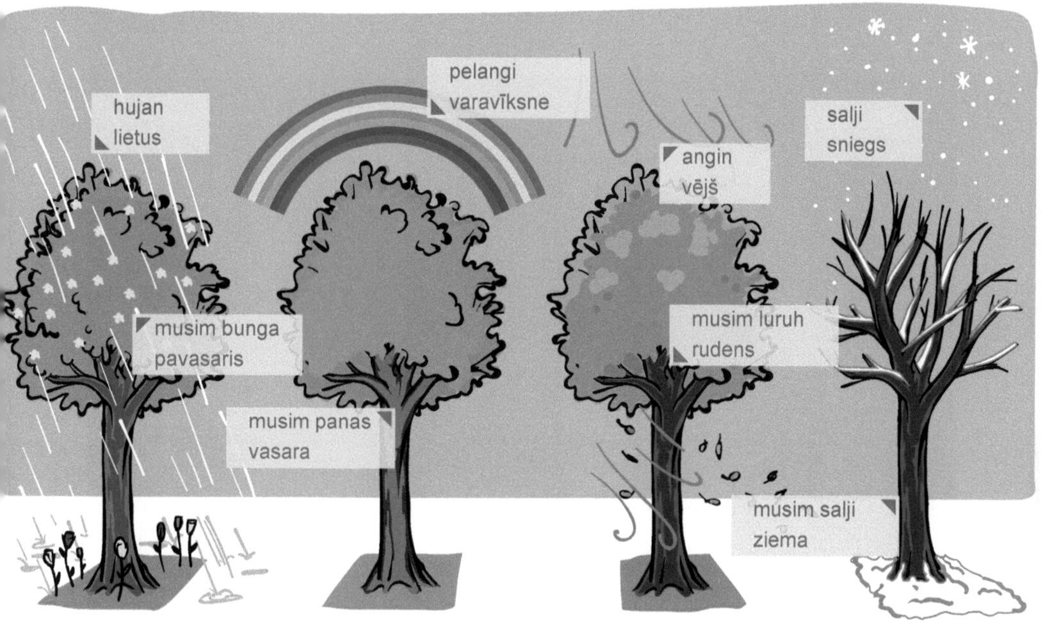

ramalan cuaca
laika prognoze

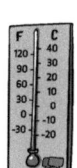

termometer
termometrs

sinar matahari
saules gaisma

awan
mākonis

kabus
migla

lembapan
gaisa mitrums

kilat

zibens

petir

pērkons

ribut

vētra

hujan batu

krusa

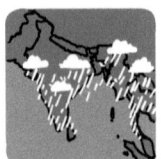

monsun

musons

banjir

plūdi

ais

ledus

Januari

janvāris

Februari

februāris

Mac

marts

April

aprīlis

Mei

maijs

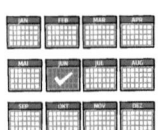

Jun

jūnijs

Julai

jūlijs

Ogos

augusts

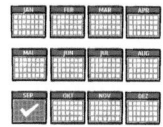

September
....
septembris

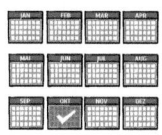

Oktober
....
oktobris

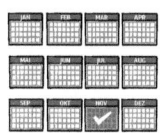

November
....
novembris

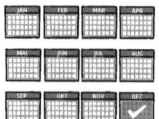

Disember
....
decembris

bulatan
....
aplis

petak
....
kvadrāts

segi empat tepat
....
četrstūris

segitiga
....
trīsstūris

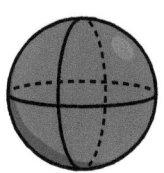

sfera
....
lode

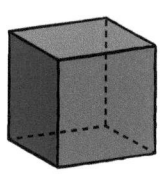

kiub
....
kubs

putih

balts

kuning

dzeltens

oren

oranžs

merah jambu

sārts

merah

sarkans

ungu

lillā

biru

zils

hijau

zaļš

coklat

brūns

kelabu

pelēks

hitam

melns

banyak / sedikit

daudz / maz

marah / tenang

saniknots / miermīlīgs

cantik / hodoh

skaists / neglīts

bermula / tamat

sākums / beigas

besar kecil

liels / mazs

terang / gelap

gaišs / tumšs

abang / kakak

brālis / māsa

bersih / kotor

tīrs / netīrs

lengkap / tidak lengkap

pilnīgs / nepilnīgs

hari / malam

diena / nakts

mati / hidup

miris / dzīvs

luas / sempit

plats / šaurs

boleh dimakan / tidak boleh dimakan

baudāms / nebaudāms

jahat / baik

nikns / laipns

teruja / bosan

satraukts / garlaikots

gemuk / kurus

resns / tievs

pertama / terakhir

pirmais /pēdējais

kawan / musuh

draugs / ienaidnieks

penuh / kosong

pilns / tukšs

keras / lembut

ciets / mīksts

berat / ringan

smags / viegls

lapar / dahaga

izsalkums / slāpes

sakit / sihat

slims / vesels

menyalahi undang-undang / undang-undang

nelegāls / legāls

pintar / bodoh

inteliģents / dumjš

kiri / kanan

kreisais / labais

dekat / jauh

tuvu / tālu

baru / lama

jauns / lietots

tiada / sesuatu

nekas / kaut kas

tua / muda

vecs / jauns

hidup / mati

ieslēgts / izslēgts

terbuka / tertutup

atvērts / slēgts

diam / bising

kluss / skaļš

kaya / miskin

bagāts / nabags

betul / salah

pareizi / nepareizi

kasar / halus

raupjš / gluds

sedih / gembira

noskumis / laimīgs

pendek / panjang

īss / garš

lambat / laju

lēns / ātrs

basah / kering

slapjš / sauss

panas / sejuk

silts / vēss

berperang / berdamai

karš / miers

0

sifar

nulle

1

satu

viens

2

dua

divi

3

tiga

trīs

4

empat

četri

5

lima

pieci

6

enam

seši

7

tujuh

septiņi

8

lapan

astoņi

9

sembilan

deviņi

10

sepuluh

desmit

11

sebelas

vienpadsmit

12

dua belas

divpadsmit

13

tiga belas

trīspadsmit

14

empat belas

četrpadsmit

15

lima belas

piecpadsmit

16

enam belas

sešpadsmit

17

tujuh belas

septiņpadsmit

18

lapan belas

astoņpadsmit

19

Sembilan belas

deviņpadsmit

20

dua puluh

divdesmit

100

ratus

simts

1.000

ribu

tūkstotis

1.000.000

juta

miljons

Bahasa Inggeris

angļu

Bahasa Inggeris Amerika

amerikāņu angļu

Bahasa Cina Mandarin

ķīniešu mandarīnu valoda

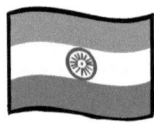

Bahasa Hindi

hindi

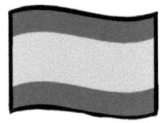

Bahasa Sepanyol

spāņu

Bahasa Perancis

franču

Bahasa Arab

arābu

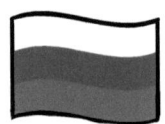

Bahasa Rusia

krievu

Bahasa Portugis

portugāļu

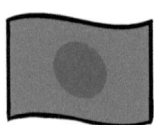

Bahasa Benggali

bengāļu

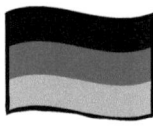

Bahasa Jerman

vācu

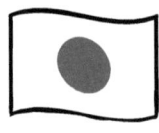

Bahasa Jepun

japāņu

saya

es

anda

tu

dia / dia / ia

viņš / viņa

kita

mēs

anda

jūs

mereka

viņi / viņas

siapa?

kas?

apa?

ko?

bagaimana?

kā?

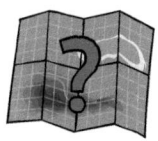

di mana?

kur?

bila?

kad?

nama

vārds

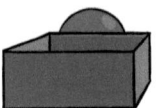

belakang

aiz

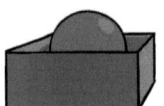

dalam

iekšā

di hadapan

priekšā

lebih

virs

pada

uz

di bawah

zem

bersebelahan

blakus

antara

starp

tempat

vieta